TARJA

HILARIO BARRERO

TARJA

Prólogo de José Luis García Martín

RENACIMIENTO

www.editorialrenacimiento.com
POLÍGONO NAVE EXPO, 17 • 41907 VALENCINA DE LA CONCEPCIÓN (SEVILLA)
tel.: (+34) 955998232 • editorial@editorialrenacimiento.com

Diseño de cubierta: Marie-Christine del Castillo

DEPÓSITO LEGAL: SE 1732-2024 • ISBN: 978-84-10148-75-8
Impreso en España • Printed in Spain

Para ti, por los instantes felices

PRÓLOGO

NO SE ACABA NUNCA

Hay libros que son más que un libro, que por breves que sean compendian una vida, una época, un saber sobre el mundo. En *Tarja,* al barroco desengaño de las postrimerías se suma una historia «de amor constante más allá de la muerte» y una celebración de los instantes felices que fueron y nunca dejan de ser en la memoria.

Hilario Barrero, que nació en la imperial Toledo, que conoció los rigores de una España que había vuelto a las negruras de la Contrarreforma, encontró el amor en la Barcelona libertaria de los años setenta y pasó la mayor parte de su vida en Nueva York enseñando poesía española y traduciendo poesía inglesa.

Su casa en Brooklyn –muy cerca del Prospect Park, del Museo y del Jardín Botánico, con su deslumbrante rosaleda– ha ejercido de oficioso consulado de la literatura peninsular, como antes la del crítico cubano José Olivio Jiménez en la que José Hierro escribió buena parte de su *Cuaderno de Nueva York*.

Además de poeta y traductor minuciosamente ejemplar, Hilario Barrero es autor de una ya larga serie de diarios que aúnan introspección, mirada alerta y gozosa celebración del hecho de vivir. Y muchas cosas más: no podemos olvidar su trabajo pictórico –colorista y naif– ni su dedicación a la fotografía, que le ha llevado a dejarnos un prodigioso censo de las gentes que deambulan por las calles neoyorquinas o por el subsuelo en un vagón del metro.

Hombre plural, inquieto, atento a todo y a todos, Hilario Barrero condensa su capacidad creativa en la poesía. En ella vuelve a encontrar los «Objetos perdidos» a lo largo de la vida, entremezclando autobiografía y referencias culturales, el telar de Penélope con la colcha que tejía su madre, el lamento de Dido –resonante en la música de Purcell– con el de tantos amantes abandonados o asolados por la plaga negra y rosa de los años ochenta.

«Repasando agendas llenas de tachaduras» escribe Hilario Barrero estos versos crepusculares y a pesar de todo consoladores. «No me podrán quitar el dolorido sentir» afirmó un ilustre paisano suyo, Garcilaso de la Vega, y es cita que le gustaba repetir a uno de sus más queridos maestros, Azorín, poeta en prosa.

«El dolorido sentir» de Hilario Barrero, transmutado en verso perdurable, enseña lucidez y ayuda a vivir. Cuando la fiesta termina, sigue siendo fiesta en la memoria. La poesía no se acaba nunca.

José Luis García Martín

I

TARJA

En el 51 fuimos a pasar el verano con mi tía María Jesús;
vivía en una casona con un zaguán umbrío,
un salón que nunca se abría,
una troje que olía a melones maduros, a trigo y a verano
    pasado.
En el patio una higuera,
un membrillo que en septiembre se llenaba de frutos
    dorados
y un pozo que se compartía con la casa vecina.

Ese verano descubrí la muerte en la sombra
    de un pájaro,
el plomo del sol, el oscuro picor de la paja,
la tarja donde el panadero «escribía»

los panes que mi madre compraba,
las palabras trilla, velahí, cedazo, pedernal,
el sabor amargo de una fruta que yo desconocía
y un ruido en el pecho que sentí un atardecer.

A veces vuelve el susto a latir dentro del corazón
y sé que es la pasión que va por dentro.

LAMENTO DE DIDO

Días en que los dioses te ayudan a encontrar
cartas escritas en una lengua extraña,
monedas de un país que ya no existe,
un río que nunca llegó al mar,
un trozo de coraza de tu inmenso dolor.

Días en los que vuelves a escuchar «When I Am Laid
    in Earth»
y sientes el lamento de Dido a las puertas de la muerte:
«Death is now a welcome guest».

Días en que empiezas a construir la pira,
abres las ventanas que siempre están cerradas
para que entre la huésped bienvenida

y se lleve la caja que guarda tus hazañas.
La muerte es, sobre todo, la que oxida el amor,
los dioses los culpables de tanta adversidad.

LOS TURISTAS DE NEMEROV

Your land becomes more brilliant as it dies.

H. NEMEROV

FUERON en busca del otoño a New England,
en el verano de sus días,
a encontrarse con Frost,
hacer una fotografía de la muerte
enredada en unas flores secas
de un cementerio abandonado en New Hampshire
y echar leña al fuego en un hotel de paso.
Era cuando sentías un temblor por el cuerpo,
cuando el fuego en la alcoba destruía murallas.
Lo llamabas Amor y no lo era:
era una forma torpe de celebrar tu asombro.
Miras ahora la imagen que trajiste,
repasas los poemas de Frost y Nemerov,
abrazas al temblor,

sientes cómo la nieve se estremece en la alcoba
y lo que ves en la fotografía
son unos ojos que quieren ser los tuyos.
Y llegando la hora te queda todo claro:
el amor cuando abrasa es destrucción.

NARCISOS

Dull roots with spring rain.
T. S. Eliot

Como este abril que escarba en los narcisos,
sus huesos abrasados,
sin darles tiempo a enamorar la tierra.
Como la mala sombra
que socava un espacio,
en el césped apenas si nacido,
donde enterrar tu cuerpo.
Como aquella cometa
venida de muy lejos, un pájaro inexacto,
que se perdió en el parque
buscando en el otoño lo imposible.
Como la piel rugosa de la nieve,
perra mansa de mirada nublada,
lamiendo con su lengua de cristal

las llagas de lo oscuro.
Como este miedo que tiene de perderte
ahora más que nunca: abril, amor, sombra, diciembre,
y que el pájaro ciegue a picotazos
la luz que necesita para seguir despierto.

DOMINGO DE GLORIA

I took the one less traveled by,
And that has made all the difference.

R. FROST

SE sale del camino transitado,
se sienta al lado de una magnolia en flor,
deja la bicicleta sobre el césped
como un perro de dóciles metales
y siente el roce del aire
por el leño aún verdoso de su cuerpo.
Pasa una madre con un niño en brazos
y un padre joven con su hija a cuestas,
parejas que comparten un secreto,
dos ancianos, gente que tiene frío,
un desfile de rostros y de historias.
Pasa la vida delante del muchacho
(una flecha sin filo en su costado)
que le avisa de la fugacidad de la belleza.

Él sabe que detrás de la colina hay un lugar
donde la sombra quema
y la maleza sabe cerrar la puerta del deseo.
Alguien que pasa y va perdido se pregunta:
¿Quién ha de recordar, cuando las flores mueran,
a la estatua de duda y mármol frío
y al oculto temblor del caminante
un Domingo de Gloria en la colina?

PAN Y QUESITO

Con el tiempo aprendió que tenía otro nombre:
robinia o falsa acacia,
que era un árbol longevo, muy frondoso,
de flores venenosas profundamente perfumadas,
con corteza marrón y con fisuras.

Cuando el niño no tenía casi sombra
la hermana Aurora le dictaba:
«Las acacias dan flores blancas»,
al vestirlo su madre le hacía repetir
«Bendita sea tu pureza, y eternamente lo sea…»,
y recuerda que el día de su primera comunión los zapatos
eran dos perros que mordían el sexto mandamiento.
Entonces llegar junto a la acacia

era para el muchacho alcanzar la tierra prometida
envuelto en un aroma de piel suave,
plato del día para una infancia feliz.

E incluso aún más tarde
cuando su ademán era
el santo y seña para entrar al infierno,
a sótanos con cuerpos en la cruz del deseo,
los torsos estriados con renglones torcidos,
el mozo se acordaba del árbol de su infancia
y no encontraba letras para acabar la frase,
deletreando acacia con una hache muda.

Ahora que la sombra tiene luz
y es tarde de volver a casa, encontrar a su madre,
regresar al colegio, al barrio y a la acacia,
el viejo duda si tuvo infancia
y si el árbol existió alguna vez.

THE DAY AFTER

Para Carlos Alcorta

Amanece después de la tormenta:
sobre el tejado negro de la escuela
la nieve es una piel recién curtida,
igual que la mañana.
A lo lejos se enciende la ciudad,
en el silencio frío de la calle una mujer se pierde
por un camino que no va a ningún sitio,
crujen las ramas con la brasa de la sombra
y la noche traicionada tiende la ropa del deseo
en leños encendidos.
Huele a café recién hecho
y a las *tostas* que tu madre te hacía.
Se deshacen los terrones de azúcar de la infancia
y en el silencio de una madrugada de domingo

una sirena asusta a las palomas.

Alguien dice: «El corazón y sus asuntos son siempre
   delicados»

y sientes en el tuyo la puñalada ardiente de la nieve.

Sobre los vidrios rotos del olvido resbala el sol

como quien se desliza a un precipicio.

DANNY BOY

La fiesta terminaba con una taza de *Irish coffee*
y todos acompañábamos, entre alegres y melancólicos,
a la madre anciana y sin memoria al piano,
mientras cantaba *Danny Boy.*
Fuera, marzo mordía los narcisos
y la luz resbalaba en la escarcha de plata.
Por entonces los vecinos nos llamaban *the boys*
y tanto ellos como nosotros
somos ahora viejos que buscan el perfume del pasado.

Ha muerto casi todo:
el sabor a fiesta de la *Guinness,*
el inseparable olor a *corned beef,* patatas y repollo,
la luz esmerilada en la cristalería de *Waterford,*

el sonido del arpa tatuada en el pecho,
la azul caligrafía, las misas en latín,
la canción irlandesa que nadie toca ahora en el piano
y que a uno de los *boys* le hacía llorar:
al cantarla tenía la sensación de que algo acababa.

El tiempo, los nombres olvidados, los cuerpos bajo tierra,
los cajones abiertos, los ojos que tuvimos que cerrar,
aquel verano del 71, la brasa de tu lengua, el deseo,
todo nos iba enseñando lo que ahora sabemos:
que la vida son gestos cotidianos, recordar una calle,
las madrugadas rozando el deterioro, doce arras de piedra,
dos manos que desgastan un cuerpo de tanto acariciarlo.

PENÉLOPE

En aquellas largas tardes de diciembre,
mientras mi madre y Celia recordaban a sus muertos,
la colcha iba creciendo. Por la noche nadie la destejía.
Una colcha hecha de trapos luminosos,
de rasos que cubrieron el rostro de una muerta,
seda de una blusa florida en los pechos de una madre,
un tapiz de bramante para un hijo de agua.

Celia, sin saberlo, iba tejiendo
una alfombra para que la muerte entrara sin hacer ruido,
pero la muerte entró como entra el olor a fuego
cuando a lo lejos arde un bosque,
llevándose a las dos.

Está la colcha ahora en un cajón oscuro,
como un devocionario con estampas gastadas,
envuelta en la quietud de una casa vacía,
abrigo en las frías noches de invierno
en que un viejo escucha entrar el silencio de puntillas,
tirita y se acuerda de pronto del rostro de su madre.

TORMENTA DE VERANO

The more the blossoms the more you suffer.

FRANK STANFORD

En el barrio cuando llovía el agua bajaba
como un pequeño río entre la acera y la calle.
Era como un reptil que se enroscaba
con el veneno de la infancia ardiendo en nuestras manos.
Oliendo a tierra renacida,
con una luz de cal entre las alas de las golondrinas,
todavía asustados por rayos y por truenos,
los muchachos salíamos a contener el agua
con una débil presa hecha de fango, piedras y guijarros
que frenaba su marcha formando un charco sucio.
El más hábil del grupo construía un desagüe
que tapaba con un tapón de corcho.
Cuando el charco amenazaba con destruir la presa
tiraba del tapón y un chorro de agua quieta, la del fondo,
brotaba como un hilo de plata fugitiva.

Entonces nadie se preguntaba de dónde descendía,
qué silencios, muertes, amores y miserias
ocultaba para cada uno de nosotros,
ninguno imaginaba, en un barrio sin mar, dónde iría
    a morir.
Uno dejó correr el charco en su ademán,
otros quedaron atrapados donde jamás llovía
o se marcharon a los suburbios
y algunos conocieron que los ríos terminan en el mar.
Y lo peor de todo: ninguno de nosotros sospechaba
que el recuerdo de una tormenta de verano y agua
    detenida
nos haría sufrir en la vejez.

OBJETOS PERDIDOS

Robó una taza en un café de Montreal
para que el olvido no enfriara aquella
tarde de invierno rodeados de nieve.
Recogió doce piedras en la playa de Sitges
para una furtiva ceremonia con el mar por testigo.
Caminó entre explosivos,
arropó la cama para cubrir el fuego,
trazó el otro nombre en la piel del frío,
enterró a sus muertos y destruyó secretos.

La taza se perdió entre otras tazas
enterradas en un aparador,
las arras esperan todavía el sonido del mar,
el tiempo se ha llevado el brillo de la casa,
en el lecho las bombas explotaron
y se llevaron cuerpos incendiados.
Era la luz un pájaro sin alas.

Le queda en el baúl el olor a lavanda de la infancia,
la cicatriz cerrada del pasado,
el olor a verano del 71 y el dolor en el pecho.
De madrugada escucha más cercano el sonido del mar
y al leer los nombres de los muertos se encuentra con
    el suyo.

VOLVIENDO AL CEMENTERIO
DE GREEN WOOD

Van buscando a una mujer que murió joven,
cambió su nombre para cambiar su vida
y fue su cuerpo fuego.
Junto a la piedra un ramo seco,
ceniza fría, nos recuerda lo frágil de la vida.

Desde la cima la tierra prometida: Manhattan mutilada,
sigue la muerte como si fuera vida
dando a la hierba peso,
sugiriendo a la luz un brillo exacto,
limitando el terreno a las hormigas
y puliendo el camino que conduce a la nada.
Suena por el recinto el réquiem del canto de los pájaros,
crece un soplo entre el fuego temprano de unas rosas,

junto al mármol dormido se despierta una grieta,
y en mi espalda un código de huesos.

Eres un muerto estando enamorado.
Oler cada mañana su aliento que te avisa,
el peso de su tierra,
el golpe de la azada,
cómo te roba el aire,
cómo sobre la almohada se hunde la razón
y mientras nieva en la pradera de la cama
oyes decir tu nombre.
Enterrado de por vida con el amor que mata.

Han pasado los años
y allí siguen la sombra, los lirios y la cuesta,
allí sigue la muerte,
sigue también mi amor.
Cada vez más cercano al frío de la noche
dormir por siempre y a tu lado es todo lo que pido.

TESTIGOS

We were two lovers of one gender.
ADRIENNE RICH

Llegaron en el 78
pensando que Manhattan era terreno firme:
un paraíso abierto con ángeles desnudos,
demonios descendiendo a la mina donde la claridad
   quemaba.
Fue el *New York Times*, el 18 de mayo del 81,
quien puso nombre al invasor: «... *a very rare form
   of cancer*».
Cerraron el *Mine Shaft*, la sauna de San Marcos y *Alice
   in Wonderland*.
En el torso de aquellos ángeles apareció la contraseña.

Cuando creían que la muerte se olvidaba de sus ojos
tacharon señas, rompieron los espejos,

oscurecieron el color de los retratos
y salieron del refugio a que sus sombras respiraran.
Duró muy poco y volvió el terror.
Ella, sin irse, les robó el lado mudo del sonido
diciéndoles que la ciudad era una isla:
caían sombras, vacíos sus bolsillos,
desde las altas torres que desprecio al aire eran,
el lecho se cubrió con la ceniza de cuerpos abrasados
y se perdió el tacto por la piel.
Era otro el perfil de la ciudad.

Pasado el tiempo volvió otra peste,
y huyeron de nuevo al laberinto
a sentir en los labios el espeso sabor de la vejez amarga.
Sin ser invitados iban en el desfile del carnaval
ignorantes de si los cincuenta años de amarse sin temor,
al descubierto, era la recompensa o el castigo.

Cada noche al abrazarse
escuchan el rumor de la isla que se hunde lentamente

y recuerdan cómo en vez de amarse enterraban a sus
muertos.
Ahora saben: a la tercera vendrá a por ellos y tienen
miedo.

II

DEL DETERIORO

I

Sí, no lo niego,
después de la primera noche,
pensé que también sería la última.
Fue como haber encontrado
una primera edición imposible a mi alcance,
un lector de bolsillo,
muy torpe en manejar el cuchillo del sexo,
lento en el lenguaje del beso disciplina,
contando mal sus huesos,
arropando mi piel la colonia de niño
en la que mi madre me bañaba.
Al salir de la ducha era un desconocido,
distante, con esa frialdad que tiene uno
después de respirar con un extraño.

Se despidió como quien roba algo
y quedamos en vernos en tres días.
Tres días en que estuve sepultado:
un lanzazo en mi pecho,
en mis labios los clavos del deseo
y el ruido de sus manos sonando en mis caderas.
Lázaro se había llevado la llave del sepulcro.

II

¿A quién pedir ayuda?
Resguardados o no la lluvia nos señala,
entra la nieve por grietas invisibles
y las arras perdieron el ruido de la playa.
¿Quién arrancó de golpe las consignas,
quién perturbó el curso de la noche?
Llegando como estamos al final
no hay nadie que nos vista,
que nos dé una medalla ni nos diga
que deshacer la cama con temblores
debiera merecer un final menos agrio.
Ahora somos dos sombras
que tropiezan con muebles y recuerdos
esperando que llegue la ambulancia

que se lleve a uno de los dos
y que vuelva la noche.

III

De lengua látigo, molusco encarcelado,
a lengua de cartujo, seda para cantar a Dios.
¿Dónde se oculta el crack, dónde el chasquido,
en qué gruta se esconde la saliva, baba, encaje
y forro de la sombra, jugo para el sabor del beso?
Cuando la cuchilla desgarraba su piel,
por sierras, valles, bosques resbalaba,
pastaba en las laderas,
un lento caracol dejando rastros.
Tinta roja en tu lengua enajenada,
en carne viva, líquida brasa,
aliento áureo, beso despierto
con los ojos cerrados
y en tu mordisco la garantía de la saliva.

Nudo y lazada, puerta para el bocado,
beso Rodin de carne y bronce.
Aquella fruta fresca que mordías
y el vicio de quererte ¿dónde habrán ido?
De lengua en juglaría a réquiem incompleto:
ese último beso que no tendrá respuesta.

IV

Tanto tiempo amándonos a oscuras sin saberlo,
tanto tiempo desnudos sin que nadie nos viera,
tanto tiempo intentando que el aliento vital
se llegara a fundir y ser tan solo uno.
¿De qué nos sirve ahora que ya es tarde
el haber mantenido cerradas las puertas de la noche,
amar sin respirar, oyendo a las ovejas llegar al matadero,
si no pudimos detener el tiempo?

V

Tus ojos y la plata, tus manos y la prisa,
el retrato que está sin enmarcar,
las cartas y las ramblas y aquel siete de julio
van perdiendo su sitio, el fuego que no quema,
ya somos más ceniza, cansados nos sentamos
en el parque viendo pasar lo que nosotros fuimos,
recogemos la casa, nos cuesta respirar.
Hay un desorden que crece entre los libros,
un brusco desconcierto en las caricias,
un lento deterioro en el lecho revuelto:
cada noche dejamos a los pies el cobertor
preparados y en guardia por si llega la muerte.

VI

Sintiendo el frío de la madrugada
como un aviso que nos llega de pronto
repasamos agendas llenas de tachaduras,
nombres que nos dejaron despojados,
atadas nuestras manos, una nube de azufre,
la mirada deshecha y el olor a pomada.
En mis arrugas y pellejos y en mi rasgado corazón
están todos los réquiems, las heridas,
los temblores y los últimos gestos al partir.

VII

En el verano del 71 te esperaba
al borde de la noche
sin saber si debía subir a tu nave
que pudiera llevarme más allá de la Estigia,
ignorante de tu control del barco,
el peso de otros cuerpos a los que recordabas
que abandonaste o te dejaron,
a otras sombras gozosas en países distantes,
adioses que guardabas clandestinos,
amo de la caricia, dueño del beso.
Y yo en la ventana esperando
que llegara la noche y tú con ella,
oscuridad lejana, apenas si una brecha de luz,
sin saber todo lo que traías atado

entre tus manos, escrito en tu mirada,
escondido entre los pliegues de tu ropa.
Y yo vacío, torpe, con los ojos abiertos,
tus labios a mi alcance y no saber besarte.
Fue un milagro que te quedaras para siempre.

III

MUESCAS

I

Lo primero es un fuego que te abrasa
y junto al fuego una navaja fría,
se sienten alimañas en la nuca
y por el corazón hienas salvajes.
Van y vienen chispazos por la ingle,
zarpazos oxidados en el pecho,
un secreto fulgor en la entrepierna
que presagia un vibrante terremoto.
Se nota una saliva por la lengua,
mitad veneno y mitad almíbar,
que arrastra lenta el temblor de un beso.
Después del fuego y la navaja fría,
de la certeza de un amor seguro
sientes llegar la muerte de puntillas.

II

CRUZAS a la otra orilla sin moneda,
pasas por alto el sexto mandamiento,
oyes crecer la hierba en la mirada
y el veneno te sabe a *licor suave.*
Ves en la oscuridad, hablas a solas,
entras desnudo al campo de batalla,
pierdes tu libertad, estás herido
y eliges el camino no tomado.
Miedo te dan las tardes de domingo,
de no reconocerte en el espejo,
de olvidar la escritura de sus ojos.
Y aunque es tiempo de estar desordenado,
áspero, tierno, liberal y *esquivo,*
estás muerto de amor y no lo sabes.

ENERO

Los llevan, como quien carga leña
para un día de lluvia, despojados
del brillo de su origen, sin raíces.
Han llenado un rincón de la casa
disfrazados de luces y una estrella.
Abiertos los regalos, los sentencian
a subir al cadalso: una trituradora
incansable y ruidosa que destruye
un silencio de alas y de sombras.
Dos hombres los sujetan con firmeza
y los meten de golpe entre las brasas.
Entran como corderos al redil
y antes de ser abono en primavera
perfuman el invierno con su muerte.

ELEMENTOS

Sobre el césped de marzo
mide la muerte el cuerpo.

En el sol de la sombra
brilla el agua del aire.

Por la piel de la noche
se oscurece la lluvia.

Sin olvidar que el fuego
siempre toca madera.

EL VACÍO

De joven encontraste un dolor
y desde entonces vives con él.

Ahora de viejo aciertas
la imborrable contraseña de la muerte.

Cuando llega la noche y estás solo te preguntas:
¿quién llena el hueco que deja un dolor en el pecho?

BLENDING

Eʟ blanco es la lejía de la sombra,
inquisidor de gasa,
juez que condena a la distancia
entre el gris y la ausencia.

El negro es la nieve del olvido,
ladrón de esquinas,
leve azabache que reseca
la noche y su volumen.

En las uñas te escondes
negro alquitrán,
huella de mi deseo.

Blanco muro de hielo
vas en mi corazón,
un paisaje vacío.

Al final, la pregunta:
¿cuál de los dos ganará la partida?

ÍNDICE

II. Del deterioro

III. Muescas

Tarja
de HILARIO BARRERO
salió de la imprenta el
7 de julio de 2024